AF489840

9 789777 899 4353

آرسآيرمآ

ضحى على لطفي شكري

اسم الكتاب: آرسآيرمآ

نوع الكتاب: خواطر

تأليف: ضحى علي لطفي شكري

تصميم الغلاف: مليكة محمد

التصحيح اللغوي: أميرة سعيد

التصميم الداخلي: نورا سليمان

التنسيق الداخلي: دينا شاهين

رقم الإيداع: 2023/29825

الترقيم الدولي I. S. B. N : 978-977-8994-35-3

جمهورية مصر العربية- القاهرة

مدير النشر: أحمد مكي   جهاد محمود

01142340175_ 01208209008

Ahmedmakay79@gmail.com

جمهورية مصر العربية- القاهرة

آرسآیَرمآ

مقدمة الكتاب

فيه حد لسه بيفرح لما بيفتكر تشجعيك ووقفتك جنبه، فيه حد لسه بيبتسم لما بيفتكر حاجة بتضحك أنت قلتها، فيه حد بيحبّك حتى لو مش بيقولك ده، فيه نصيحة أنت قدمتها لحد، وغيّرت من حياته.

الودن اللي قدمتها لحد عاوز يحكي حاجة مضايقاه، والحب اللي قدمته لحد اللي خلى يومه أحسن، رأيك في موضوع خلي حد يعيد التفكير ويغير من رأيه، أنت مش "ملكش لازمة"، ولا مش مهم.

أنت قدوة لشخص أتمنى لو يشبهك، وفيه حد فاكرك في دعواته، أنت المفضل لدى صديق، والملاذ لآخر، أنت فخر لأبيك وعكاز لأمك، ولو سألت الناس على مواقف فاكرينها لك هتتفاجأ بحاجات عملتها، أثرت فيهم فيه حد لسه بيفرح لما بيفتكر تشجعيك ووقفتك جنبه.

فيه حد لسه بيبتسم لما بيفتكر حاجة بتضحك أنت قلتها، فيه حد بيحبّك حتي لو مش بيقولك ده، فيه نصيحة أنت قدمتها لحد، وغيّرت من حياته، الودن اللي قدمتها لحد عاوز يحكي حاجة مضايقاه، والحب اللي قدمته لحد اللي خلى يومه أحسن، رأيك في موضوع خلى حد يعيد التفكير، ويغير من رأيه.

أنت مش "ملكش لازمة" ولا مش مهم أنت قدوة لشخص أتمنى لو يشبهك، وفيه حد فاكرك في دعواته، أنت المفضل لدى صديق، والملاذ لآخر، أنت فخر لأبيك وعكاز لأمك، ولو سألت الناس على مواقف فاكرينها لك هتتفاجأ بحاجات عملتها، أثرت فيهم.

تعريف عن الكاتبة

يوجد اليوم العديد من المواهب في مختلف المجالات، ولكننا اليوم سنذهب معًا في رحلة خاصة لعالم الكتابة؛ كي نتعرف على كاتب من أكثر الكُتاب تميزًا هيا نتعرف عليه:

الاسم/ ضحى علي لطفي شكري

السن/ 23

المحافظة/ المنيا

الموهبة/ كاتبة الخواطر والأشعار

اللقب/ صغيرة النيل

س/ هل الكتابة بالنسبة لك كانت حُلم أم مجرد اكتشاف؟

ج/ كان لجدي رحمه الله تأثير قوي واهتمام رائع باللغة العربية، ومدى تأثيرها على حصيلتنا اللغوية، أهم أقواله لكافة أحفاده القراءة تنير بيوت الفقراء وتعمرها، وبيوت الأغنياء دون أصل اللغة تهدم؛ فكانت الكتابة بحب القراءة دافع وملاذ يخرج مشاعر قلوبنا الصادقة؛ فهي موهبة جميلة بدون تنميه راكدة غير منيرة، ويجب تطوير الذات؛ لاكتشاف كل جديد حول القراءة، وجمال الكتابة الصادقة من الروح.

س / هل تقبل الانتقاد أم لا؟

ج / بالتأكيد لأن من لا يتقبل كافة الانتقاد، وصلاح نفسه تكن شخصية الإنسان النرجسي طاغية عليه؛ فيصبح منبذ من المجتمع.

س/ من هم الأشخاص الذين أثروا عليك في طريقك نحو الكتابة؟

ج/ نجيب محفوظ وأحمد الشقيري، ودكتور إبراهيم الفقي.

س/ ما هي إنجازاتك التي استطاعت تدوين اسمك في مجال الكتابة؟

ج/ كتابي الأول وليس الأخير (أطياف على بابي)، والمشاركة في كتاب (أصوات قلوب).

س/ من الكاتب الذي تفضل القراءة له؟

ج/ أحمد الشقيري، والدكتور إبراهيم الفقي.

س/ هل ترى أن الكتابة هبة إلهيَّة أم أنها موهبة تستطيع اكتسابها؟

ج/ موهبة إلهيَّة، ويمكن اكتسابها مع التدريب، ولكن كونها بداخل قلبك يمنحك الأفضلية في كتاباتك الصادقة.

س/ كلمة تريد قولها لننهي الحوار؟

ج/كن صادقًا متيقنًا بأن الله كاشف الضر، ولا تيأس فاحلم بغدٍ أفضل، وإنك قادر على قطع الفيافي ما ظل الليل باقيًا، واسأل نفسك ماذا فاعل لكونك بالعهد موفيًا.

والآن وعد ختام حوارنا اليوم سعُدت جريدة قيس باستضافتك، وتتمنى لك مزيد من التفوق والإبداع، ونرجو أن نكون أسعدناكم، انتظرونا في الأيام القادمة مع مزيد من المواهب.

المؤسسة/ جهاد محمود

جريدة دار قيس للنشر والتوزيع

المحررة/ ملك حماده العوضي

إهداء إلى أبى العزيز

لا تدرين ماذا تفعلين هنا يكون الأب يصون، ولا يخون حين يذكر أبي وأطلع على ذكرانا في تلك الصورة أقول، وقد بدت لي ظلمات الليل بشكل آخر أراك دومًا سعيدًا وفخورًا.

* * *

إهداء إلى أمي الغالية

أمي تلك التي أشبهها، وفي حبها قلبي مغرم كل الحروف عاجزة بأن تكتب لك شعرًا كيف أكتب، وأنت جميلة الشعر كله.

قدسنا الحبيب أنت لست كالسائر، أنت بجمال يوسف ورونقك عتيق ليس كمثلك أحد أما المغتصبون فلهم نهاية أشد وطئًا، ولا تنتصرن يا قدس يا غاليه المساجد يا أولى القبلتين، أنت أساس الشرف والعفة أنت الظهر والعزة أرض زارها أنبياء السلام، ولا سلامة لذاك الكيان الصهيوني مغتصبون قامعون سارقون، أنتم يا من تتكلمون عن الحقوق والعرف والدين، أين أنتم من فعل الصهيون أين أنتم من قتل ونهب، وسرقة، واستحياء النساء، وقتل الأطفال، ويتمهم كم من نساء رملت أين أنتم من التدمير والتخريب، والقمع الوحشي، وإبادة يشهدها التاريخ أين أنتم، يا ذوي الخسة والنذالة، والدون يا أمة المليار اعلموا إنكم ستحاسبون، فإن أقصانا ينادي هلموا هلموا إلى جهاد ينير الدر حي على غزة حي على غزة.

وقال لي يومًا أبي الغالي ابنتي أتعملي كم تكون قيمة ألماس قلت لا أدري قال ليس كل شيء يقدر بالمال يا صغيرتي، أما عنك فأنت غالية أبيك تحفظ الماسة بعلبة قطيفة محفوظة بدولاب مغلق عليها مئات، ومئات من المفاتيح تذكري دومًا أنني أحافظ عليك من كل شيء لا تحزني أن أزعجتك، بصوت مرتفع، وقلت لا تفعلي أنا حقًّا أحفظك من أي فعل.

ولقد عقَدَ الودّ بين قلبي وقلبها عقدًا لا يحلّه إلا رَيْبُ المنون، كُنتُ لا أرى لذةَ العيشِ إلا بجوارها، ولا أَرَى نُورَ السعادةِ إلا في فجر ابتساماتها، ولا أوثرُ على ساعةٍ أقضيها بجانبها جميع لذات العيش ومَسَرَّات الحياة، وما كُنت أشاء أن أرى خَصْلةً من خصال الخير في فتاةٍ من: أدب، أو ذكاءٍ، أو حلمٍ، أو رحمةٍ، أو عفّةٍ، أو شرفٍ، أو وفاءٍ إلَّا وجدتها فيها.

الحياة مأساة ومواساة، ولكن لمن يرى الواقع...

عليه أن ينسى الوقت الضائع...

فكم من واقع عشت وكم ألم أصبت وسببت، وكم من سعادة صنعت لغيرك،

وكم   من أحد أسعدك...

فانظر في واقعك، واترك أوهام الباطن كن أنت محبًا رحيمًا طيبًا، ولكن احذر

أن تستغل طيبتك، وأن يكسر قلبك.

(فن التجميع)

- مرغمون على العيش بواقع لا يتناسب مع مشاعرنا.

- وما بين الشيء والشيء مات الكثير من الأشياء .

- وهكذا حياتنا حلم يتحقق وحلم يتعثر

- أحيانًا نتمنى أن تكون أحلامنا حقيقة.

- وأحيانًا نتمنى أن تكون حقيقتنا حلم.

ما لا تبوح به النفس لا تسأل عنه الألسنة، ليس لكل صندوق مفتاح بل اعلم أن اللغز ليس مباح فافتح لنفسك باب من الإبداع، والسعادة، وفكر بما يحيط بالصندوق، ولا بما يحتويه فليس كل باطن ظاهر، ولكن بعض الظاهر باطن.

قل لِمَ سرقت الحسن ما من محاسن

إلا من مبسمك لم أرَ سواك في البال والعقل

أما عن المحبوب الهاجر للمشاعر، لم أَمَلُّ الحب أبدًا، وإن عذبت بشوقي فأنت محبوبي، وإن انتهيت بالأحزان مغرمة فها أنا مغرمة وسأظل.

لحظات لا تنسى في بيت قد استأنس الفؤاد به وبسكانه، يشهد الله على قلبي

بما فيه من ود ووصال، وحب لست بكارهة، ولا مكرة

أحبوني بحب رب الخلق لي،

فما أعظم من هذه النعمة.

- مرغمون على العيش بواقع لا يتناسب مع مشاعرنا.

- وما بين الشيء والشيء مات الكثير من الأشياء.

- وهكذا حياتنا حلم يتحقق وحلم يتعثر.

- أحيانًا نتمنى أن تكون أحلامنا حقيقة.

- وأحيانًا نتمنى أن تكون حقيقتنا حلم.

صحيح إن قلبي كان يرتجف، ولكن إيماني بربي لا يغيب؛ فالحمد لله الذي نجاني من كل بلية في كل مرة أنا العاصية التي تابت لربها، وحلفت أنها لن تعود ربنا غفور وعبد مذنب، ولكن الله يرمم القلب وينقيه وتعود به تائبًا أوابًا، فاللهم ارح قلوب المحسنين.

أنت كالنهر الجاري، أنت كالنجم في الجرم كالهالي أنت كالقمر العالي أنت وكفى.

...

ألا يكفيك أن ينبض قلبي باسمك في صلاتي، فإن نبض قلب أحدهم باسمك في صلاته؛ فأنت من سجناء قلبه لا ضيعك ولا مضيعك.

جدتي اهديتني القرنفل وظننتِ أنني مضيعة له حبيبة قلبي، ومبسمي أبلغكِ السلام من محبيك، وأهديك كلماتي برائحة القرنفل فأنتِ بقلوبنا نور، وفي صدورنا إيه كيف ننسى من وضعت خطوات القرآن في القلب.

...

ويبتليك بالفقد لتعرف أنّ ليس غيره يبقى لكَ، ويبتليك بالخذلان لتعرف أنّه أمانك الوحيد، ويبتليك بالتعثُّر لتعرف أنّه لا سند غيره.

وإن سألتك عن الجمال فقل الروح أجمل، وإن سألوك عن الحب فقل غاب عني، وإن سئلت عن المكيدة فقل باسرة منهمرة، وإن سألوك عن روائع الدنيا فقل ما من نظير لرؤية أحد ما سعيد، وإن سألت من حولك؟ فردهم ما من جواب فكل شيء محال.

وأشتاق لكوب قوة من يديها...

وسهرة تجمع بها الحكايات والمشاعر...

انتظر العودة والشوق كالسهم كل ليلة

يزداد في صدري هلا واصلتني...

فلسطين أنتِ نبض العربي، وعزهم ومجمع الكلم الحق نصر الله آتٍ آتٍ لا محالة أنت العزة والمهابة أنت الفخر والكرامة انتفضي انتفضي تحرري الأرض لك، والعز لك لا ضيعك الله أبدًا كوني شامخة صلبة قوية تمسكِ بالهوية، فأنتِ الأصل والأصالة، وهم الندبة والنذالة، أنتِ شامخة وراسخة.

إن طرق لك باب الأمل فادخله، وإن طرق باب الصمت أغلقه، وإن طرق باب الهوى رده فلا مرد من هوى عاشق جريح.

...

سأبتسم ما دام القلب ينبض ما دام العمر يمضي ما دمت أتنفس فأنا أفعل وأستطيع.

كفى كسرة وحسرة كفى ندبة إلا يسرا، فإن بعد العسر يسرا فبين العسر يسرين.

...

لا يفضح العاشق سوى عيناه، واللئيم تفضحه عيناه، فاحذر من كلاهما لا تدري ما أفعالهم، ولكن العاشق محب فله سذاجة منطق.

أبي ماذا تعني كلمه أبي، أبي الأمان، أبي حياة البيت، أبي العزة والكرم، أبي الحنان أبي رفيقي وحبي الأول، أبي الإخلاص، أبي موفي بالعهد أبي لا توفيك كلماتي، ويخونني لساني، ولا يكفيك حقًّا حقك أبدًا أدام الله وجودك يا أبي.

كوني قويه شامخه تفكري عند السفوح فتريح الروح وتسعد النفس...
تذكري لا تسعدك غصة الغير كوني خيرة في فعلك، وقولك أنت بيت الشموخ
والكرم

كن مغيرًا ومتغير كن أساسًا صالحًا كن فخورًا لكونك مصلح اجتماعي،
ورفيق إنساني.

كن في الحياة بسيطًا، فإن البساطة بذاتها جمال، وأنت عنوانه يا فراشتي

تيقني أن ربك منجيك من كل بلية،

جمال العالم ليس كجمال الروح يا رائحة القرنفل لا مفارقة المباسم، وجنتيك

أشتاق إليك.

قل لتلك التي هجرتني أنتِ العز مهما مر العمر دون لقيا ستظل ذكرة ضحكاتنا وطفولتنا محفورة بقلبي فإن عدتي أنرتِ، وألم تعودي فنور ذكراكِ يشعشع بالدرب كأنك هنا.

...

ألا تدري من أنا، أنا السكوت في ليل باكي أنا الوضوح في عز صباح باكر، أنا النجم في جرم صغير أنا القتيل في صحراء الحب غارقًا أنا ألمع كالنجم فوق المحيط الهادي.

ما من زهرة إلا وقد أحبت ساقيها فإن الساقي إذا أراد قطفها فقولها له ليس لغيرك الحق بقطفي فذاك حرام إلا عليك.

...

لا تحزن من أحبتك بصدق فقد سكنت القلب والروح كن بها الفائز، واجعل بينكما ود ورضا، وتكويني لحظاته السعيدة فلا بعد رؤياك سعدي.

كيف أرى القمر في السماء منيرًا

وأنتِ شاييقة حياتي.

...

أيمكنك أن تكتفي بحوريه واحدة؟

قال لها: حوريتي ليس مثلها أحد سألبسها سوار الحب أبد الدهر فما رأيتي براءتها وحلاوة مجلسها لا فرقني الله عنها فإنها انقلسري.

لست مفارقه، ولكنك برغم إنك تعلم بأن لأجلك أقطع كل الفياف كفاك حكمًا بأني مفارقة.

...

قهوتي التي أدمنها لا أرى لذة الفرح إلا من يديكِ، فأنتِ ايكادولي وحدي.

تذكري دومًا أن الرجال من يوفون بالعهود فسأخذكِ يومًا على الرمادي كأنس ومرام فأنتِ اوناتي، وحياتي.

...

لا تحزن إذا جاءك سهم قاتل من أحب الناس إلى قلبك، فسوف تجد من ينزع السهم،
ويعيد لك الحياة فابتسم.

وتتنهد أنفاسي حين تعاد ذكراك...

في بيت العائلة وسهر الأعياد بضحكات تتلألأ بعيوننا... تعود الذكرى بالحنين، وعيوني باكية بأنين لما الحياة أخذت كل المحبين.

طيفك ألقى في خيالي وهمس كلماتي،

ولمسي أشبهك في السيرة الطيبة

أشبهك بالود والحب أبي.

...

مختصر الحب عند الرجال أن تطلبها

من ربك في سجدة، وتطلبها من أبيها في جلسة،

كن رجل وتيقن بأن ربك لا مضيعك أبدًا.

وكم أشتاق لكوب تلامسه أصابعك

يا ذات رائحة القرنفل فذكراكِ تلاطفني...

أتعلمي لقد "ارسايرما".

...

كن لغيرك رمزًا للحب، والخير، والحياة

اصنع المعروف دون انتظار المقابل،

امنح الحب بلا شروط قدّم الخير دون تمنن.

كل منا له ذكرى خاصة لا تستهن بمن لست بذكراه مذكور، وتذكر بأن لكل
لهو العيش والحياة.

...

وجلست الودود إلى البحور جسور، وهو الذي يجاري الهوى بمبسمي.

كل منا له ذكرى خاصة لا تستهن بمن لست بذكراه مذكور، وتذكر بأن لكل لهو العيش والحياة.

...

يا ذات رائحة القرنفل لقد ازداد شوقي، واحتياجي لاحتواء قلبي هلا ضممتني قدر استطاعتك

كونك لي كل الدنا.

مدينة بالحب لذاك الذي ملك الروح والفؤاد بالكلم الطيب، والحديث الحسن اللين الذي يغمره الود والوصال، ولا تذهبه ريح الخصام.

...

وتحترق أرواحنا من أجل من نحب ولا حب لنا عندهم،

فما أجمل أن تدرك قيمة نفسك...

ابتسم فأنت غالي.

حلوتي لا تتغيري فليس لكل تغيير جمال، ولكن لكل جمال تغيير حسنك الذي يصنع الفارق بخلق وأدب وتهذيب وإصرار؛ فأنتِ ملكة حرة على ذاتك.

‫...‬

قل لذات الحسن إني موصيكِ: بسبع لا تشاركي غيورة ولا تصاحبي حسودة، ولا تجادلي جاهلَة ولا تُناقضي غشيمة، ولا تؤاخي منافقة، ولا تسألي بخيلة، ولا تستودع سِرُك أحدًا.

كوني كالرفراف يحلق بعيد يرى كل الخبايا، ويستكشف البعيد دون فضول،
ولكن بتأني وحذر.

...

قل لصانع ابتسامتي أن عيوني تذوب في مقلتيك، ولا لذة لقهوة إلا من يديك.

يا من له الموج بالروح تسكن، وتذكر في صلوات تكن أنت وحدك بها لا تخذلني تشجع، وكن لي رجلًا.

...

قلوب باكية وعيون دامعة أما عن غزة فهي العزة شامخة أبية حرة لن ينساك رب الحق فأنتِ الحق يا صغيرة قلبي لا تيأسي، وتيقني.

كن مقدامًا في الحياة دع الجبن لمن ليس له عزم تقدم وتفنن وأبدع، كن مغير ومتغير.

...

ورفيقه تقول يا ابنة الخال... على أين حلو صنيعة يديك مسكر.

قل صانع ابتسامتي إن عيوني تذوب في مقلتيك، ولا لذة لقهوتي إلا من يديك.

...

عامل الناس بلُطف وابتسم لِتؤجر؛ واجعل طِيبتك أغنى ما لدِيك؛ لِيُطيل الله ذكرك بالخير بعد أنْ تفنى.

اعلم أنك إن لم يعجبك المكان تحرك أنت لست شجرة، وارسم لنفسك أبهى الصور فأنت أحق بكل جميل أن لم تؤذي أحدًا.

...

لا لذه لي دون قهواك فليس لي سوى ذكرى بفنجان من يديك أحب انأن نتشارك الحياة بيننا بكامل الود الذي وصى به.

قل لي يا متلفي هل أتيت لأني أنا...

أم أنك تائه...،

ولا تعرف سوى مسِل.

...

تضحكين فيصبح العالم مدين لك بالمزيد من الشعراء، ولا بعد شعر عيونك من لحن يعزف.

يومًا مَا

سَنكون فِي مَكاننا الصَحِيح

مُطمئنِين،

آمنِين بِجوار مَن نُحب

نفعل الأشياء خاصتنا سويًّا بِحُب

نتشارك الضحكات، الحكايات

وكُل الأشياء معًا.

ما لا تبوح به النفس لا تسأل عنه الألسنة ليس لكل صندوق مفتاح بل اعلم أن اللغز ليس مباح فافتح لنفسك بابا من الإبداع والسعادة، وفكر بما يحيط بالصندوق، ولا بما يحتويه فليس كل باطن ظاهر، ولكن بعض الظاهر باطن.

أتعملي أن مدارس الشعر بالأمس يتفقون

على جمال وجنتيك فلا مبسم لي إلا لك.

...

ألا تعلمي أنكِ أمني وأماني، ومنات قلبي

ليس كل الكلمات تذكر....
أرى طيفك على باب الشوق ألن تلبي قلبي.

في وحدتي لا شعوريًا الوقت يمضي، والنجوم تبادل الغزل فكم من مؤنس يظن أنه وحيد، وهو في الأساس مؤنسي.

...

معقود في نواصيها الخير، وفي حب الخيل قلبي معقود قل لي تلك الفتاه الخيالة أنت شامخة متوجة لست كالسائر أنت بجمال القدس فاعلمي هذا.

وألقيت عليك السلام في صمت كيف حالك يا كل حالي ألا يكفيك ذكر اسمك في صلاتي، وتعلم أني أجوب الفيافي لسماع اسمك من لساني.

...

القلوب الجميلة لها رائحة تجذب جميع البشر فتطيبي، وتحلي بتلك الصفة تكن، لكي الجنان مستقبلًا بكل اشتياق.

كن متيمًا بسحر الطبيعة، وكفاك تتيما بالقاسية قلوبهم كن حتى أنت حتى يعجز الحاقدون، لكون طبعك ثابتا مصون.

***

الأخطاء تجعلك حكيمًا، والألم يجعلك قويًا فاثبت بعين الحق واليقين.

كن مؤمنًا بكونك مبدع، كن متيم بموهبتك كن أنت وحسب.

...

كن ما شئت كن أنت لا تغير من نفسك الطيبة لأجل أحد كن راسخًا مميزًا كن ثابتًا فهذا أنت.

غيبات

تغرب شموس قد أنارت قلوب ودروب، ولكنهم في نفوسنا راسخون.

...

عيون تجرح خاطرك لتسعد، وعيون ترعاك بكل جميل لسعدك.

قلوب صادقة

تلك هي الرفيقة التي ليس لغيرها الحب، والود فسهراتنا، وضحكاتنا لها رونق خاص حلوتي أنتِ بكل الدنا، ولا تكفي الدنا بأصوات أفراحنا.

...

يا ذات رائحة القرنفل، لقد ازداد شوقي، واحتياجي لاحتوائي لقلبي هلا ضممتني قدر استطاعتك كونك لي كل الدنا.

مدينة بالحب لذاك الذي ملك الروح والفؤاد بالكلم الطيب، والحديث الحسن اللين الذي يغمره الوداد والوصال، ولا تذهبه ريح الخصام.

...

وتحترق أرواحنا من أجل من نحب، ولا حب لنا عندهم، فما أجمل أن تدرك قيمة نفسك... ابتسم فأنت غالي.

حلوتي لا تتغيري فليس لكل تغيير جمال، ولكن

لكل جمال تغيير حسنك الذي يصنع الفارق بخلق وأدب، وتهذيب وإصرار،

فأنت ملكه حرة على ذاتك.

...

كوني كرفرافي يحلق بعيد يرى كل الخبايا، ويستكشف البعيد دون فضول

ولكن بتأني وحذر.

يا من له الموج بالروح تسكن، وتذكر في صلوات تكن أنت وحدك بها لا تخذلني تشجع، وكن لي رجلًا.

...

قل لذات الحسن إني موصيكِ: بسبع لا تشاركي غيورة، ولا تصاحبي حسودة، ولا تجادلي جاهلة، ولا تُناهض غشيمة، ولا تؤاخي منافقة، ولا تسألي بخيلة، ولا تستودع سِرُّك أحدًا.

كن لغيرك رمزًا للحب والخير والحياة، اصنع المعروف دون انتظار المقابل، امنح الحب بلا شروط، قدّم الخير دون تمنن...

...

اعلم أنك أن لم يعجبك المكان تحرك أنت لست شجرة، وارسم لنفسك أبهى الصور؛ فأنت أحق بكل جميل إن لم تؤذي أحد.

وتعاد ذكراك حين تلاطفني كلماتك، وتسعدني همساتك فلا حلو بعد مر الأيام دونك فأنتِ نور يضيء شايق.

...

صغيرة على البكاء وسموم الحياة تأكل كل جميل فلا تتهاوني معها، كوني شرسة تكن لك الحياة مطيعة، وتيقني باستعانتك برب الكون مسعدكِ فلا خير إلا بقدر مقدر.

عبارات وعثرات... صمود ونهضة...

أنتِ صلبة كالأرض راسخة،

تشبثي بالهوية إنكِ نقية كغصن الزيتون بهية.

الخاتمة

أخبركم في نهاية الكتاب بأن جيلًا جديدًا يُوشك أن يبسط سلطانه زاحفًا متقحِمًا لا يثبت أمامه شيء، ويومئذٍ... ويومئذٍ تذهب العداوات بأصحابها، وتنطفئ هذه الفقَّاعات العائمة، ويخبو الرماد، ويخلص وجه الحق للحق!

كلمات نوبية مستخدمة داخل الكتاب

ايكادولي... حبي

اوناتي.. قمري

ارسايرما... اشتقت

انقلسري... حورية

وهكذا سأترك لك المجال أن تبحث عن باقي الكلمات.